中共中央国务院
关于支持深圳建设中国特色
社会主义先行示范区的意见

人民出版社

图书在版编目(CIP)数据

中共中央国务院关于支持深圳建设中国特色社会主义先行
示范区的意见. —北京:人民出版社,2019.8
ISBN 978 - 7 - 01 - 021211 - 1

Ⅰ.①中… Ⅱ. Ⅲ.①区域经济发展-文件-深圳
Ⅳ.①F127.653

中国版本图书馆 CIP 数据核字(2019)第 178487 号

中共中央国务院关于支持深圳建设
中国特色社会主义先行示范区的意见
ZHONGGONGZHONGYANG GUOWUYUAN GUANYU ZHICHI SHENZHEN JIANSHE
ZHONGGUO TESE SHEHUIZHUYI XIANXING SHIFANQU DE YIJIAN

人民出版社 出版发行
(100706 北京市东城区隆福寺街 99 号)

北京新华印刷有限公司印刷 新华书店经销

2019 年 8 月第 1 版 2019 年 8 月北京第 1 次印刷
开本:880 毫米×1230 毫米 1/32 印张:0.5
字数:7 千字

ISBN 978 - 7 - 01 - 021211 - 1 定价:2.00 元

邮购地址 100706 北京市东城区隆福寺街 99 号
人民东方图书销售中心 电话 (010)65250042 65289539

目　录

**中共中央国务院关于支持深圳建设中国
特色社会主义先行示范区的意见** ………… （1）

一、总体要求 ……………………………… （2）

二、率先建设体现高质量发展要求的
　　现代化经济体系 ……………………… （4）

三、率先营造彰显公平正义的民主法治
　　环境 …………………………………… （6）

四、率先塑造展现社会主义文化繁荣
　　兴盛的现代城市文明 ………………… （8）

五、率先形成共建共治共享共同富裕的
　　民生发展格局 ………………………… （9）

六、率先打造人与自然和谐共生的美丽
　　中国典范 …………………………… （10）

七、保障措施 …………………………… （11）

1

中共中央国务院
关于支持深圳建设中国特色
社会主义先行示范区的意见

（二〇一九年八月九日）

　　党和国家作出兴办经济特区重大战略部署以来，深圳经济特区作为我国改革开放的重要窗口，各项事业取得显著成绩，已成为一座充满魅力、动力、活力、创新力的国际化创新型城市。当前，中国特色社会主义进入新时代，支持深圳高举新时代改革开放旗帜、建设中国特色社会主义先行示范区，有利于在更高起点、更高层次、更高目标上推进改革开放，形成全面深化改革、全面扩大开放新格局；有利于更好实施粤港澳大湾区战略，丰富"一国两制"事业发展新实践；有利于率先探索全面建设社会主义现代化强国新路径，为实现中华民族伟大复兴的中国梦提供有力支撑。为全面贯彻落实习近平新时代中国特色社会主义思想和习近平总书记关于深圳工作的重要讲话和指示批示精神,现就支持深圳建设中国特色社会主义先行示范区提出如下意见。

一、总体要求

(一)指导思想。以习近平新时代中国特色社会主义思想为指导,全面贯彻党的十九大和十九届二中、三中全会精神,紧紧围绕统筹推进"五位一体"总体布局和协调推进"四个全面"战略布局,坚持和加强党的全面领导,坚持新发展理念,坚持以供给侧结构性改革为主线,坚持全面深化改革,坚持全面扩大开放,坚持以人民为中心,践行高质量发展要求,深入实施创新驱动发展战略,抓住粤港澳大湾区建设重要机遇,增强核心引擎功能,朝着建设中国特色社会主义先行示范区的方向前行,努力创建社会主义现代化强国的城市范例。

(二)战略定位

——高质量发展高地。深化供给侧结构性改革,实施创新驱动发展战略,建设现代化经济体系,在构建高质量发展的体制机制上走在全国前列。

——法治城市示范。全面提升法治建设水平,用法治规范政府和市场边界,营造稳定公平透明、可预期的国际一流法治化营商环境。

——城市文明典范。践行社会主义核心价值观,构建高水平的公共文化服务体系和现代文化产业体系,成为新时代举旗帜、聚民心、育新人、兴文化、展形象的引领者。

——民生幸福标杆。构建优质均衡的公共服务体系,建成全覆盖可持续的社会保障体系,实现幼有善育、学有优教、劳有厚得、病有良医、老有颐养、住有宜居、弱有众扶。

——可持续发展先锋。牢固树立和践行绿水青山就是金山银山的理念,打造安全高效的生产空间、舒适宜居的生活空间、碧水蓝天的生态空间,在美丽湾区建设中走在前列,为落实联合国 2030 年可持续发展议程提供中国经验。

(三)发展目标。到 2025 年,深圳经济实力、发展质量跻身全球城市前列,研发投入强度、产业创新能力世界一流,文化软实力大幅提升,公共服务水平和生态环境质量达到国际先进水平,建成现代化国际化创新型城市。到 2035 年,深圳高质量发展成为全国典范,城市综合经济竞争力世界领先,建成具有全球影响力的创新创业创意之都,成为我国建设社会主义现代化强国的城市范例。到本世纪中叶,深圳以更加昂扬的姿态屹立于世界先进城市之林,成为竞争力、创新力、影响力卓著的全球标杆城市。

二、率先建设体现高质量发展要求的现代化经济体系

(四)加快实施创新驱动发展战略。支持深圳强化产学研深度融合的创新优势,以深圳为主阵地建设综合性国家科学中心,在粤港澳大湾区国际科技创新中心建设中发挥关键作用。支持深圳建设 5G、人工智能、网络空间科学与技术、生命信息与生物医药实验室等重大创新载体,探索建设国际科技信息中心和全新机制的医学科学院。加强基础研究和应用基础研究,实施关键核心技术攻坚行动,夯实产业安全基础。探索知识产权证券化,规范有序建设知识产权和科技成果产权交易中心。

支持深圳具备条件的各类单位、机构和企业在境外设立科研机构,推动建立全球创新领先城市科技合作组织和平台。支持深圳实行更加开放便利的境外人才引进和出入境管理制度,允许取得永久居留资格的国际人才在深圳创办科技型企业、担任科研机构法人代表。

(五)加快构建现代产业体系。大力发展战略性新兴产业,在未来通信高端器件、高性能医疗器械等领域创建制造业创新中心。开展市场准入和监管体制机制改革试点,建立更具弹性的审慎包容监管制度,积极发展智能经济、健康产业等新产业新业态,打造数字经济创新发展试验区。提高金融服务实体经济能力,研究完善创业板发行上市、再融资和并购重组制度,创造条件推动注册制改革。支持在深圳开展数字货币研究与移动支付等创新应用。促进与港澳金融市场互联互通和金融(基金)产品互认。在推进人民币国际化上先行先试,探索创新跨境金融监管。

(六)加快形成全面深化改革开放新格局。坚持社会主义市场经济改革方向,探索完善产权制度,依法有效保护各种所有制经济组织和公民财产权。支持深圳开展区域性国资国企综合改革试验。高标准高质量建设自由贸易试验区,加快构建与国际接轨的开放型经济新体制。支持深圳试点深化外汇管理改革。推动更多国际组织和机构落户深圳。支持深圳举办国际大型体育赛事和文化交流活动,建设国家队训练基地,承办重大主场外交活动。支持深圳加快建设全球海洋中心城市,按程序组建海洋大学和国家深海科考中心,探索设立国际海洋开发银行。

(七)助推粤港澳大湾区建设。进一步深化前海深港现代服务业合作区改革开放,以制度创新为核心,不断提升对港澳开放水平。加快深港科技创新合作区建设,探索协同开发模式,创新科技管理机制,促进人员、资金、技术和信息等要素高效便捷流动。推进深莞惠联动发展,促进珠江口东西两岸融合互动,创新完善、探索推广深汕特别合作区管理体制机制。

三、率先营造彰显公平正义的民主法治环境

(八)全面提升民主法治建设水平。在党的领导下扩大人民有序政治参与,坚持和完善人民代表大会制

度,加强社会主义协商民主制度建设。用足用好经济特区立法权,在遵循宪法和法律、行政法规基本原则前提下,允许深圳立足改革创新实践需要,根据授权对法律、行政法规、地方性法规作变通规定。加强法治政府建设,完善重大行政决策程序制度,提升政府依法行政能力。加大全面普法力度,营造尊法学法守法用法的社会风尚。

(九)优化政府管理和服务。健全政企沟通机制,加快构建亲清政商关系,进一步激发和弘扬优秀企业家精神,完善企业破产制度,打造法治化营商环境。深化"放管服"改革,全面推行权力清单、责任清单、负面清单制度,推进"数字政府"改革建设,实现主动、精准、整体式、智能化的政府管理和服务。改革完善公平竞争审查和公正监管制度,推进"双随机、一公开"监管,推行信用监管改革,促进各类市场主体守法诚信经营。

(十)促进社会治理现代化。综合应用大数据、云计算、人工智能等技术,提高社会治理智能化专业化水平。加强社会信用体系建设,率先构建统一的社会信用平台。加快建设智慧城市,支持深圳建设粤港澳大湾区大数据中心。探索完善数据产权和隐私保护机制,强化网络信息安全保障。加强基层治理,改革创新群团组织、社会力量参与社会治理模式。

四、率先塑造展现社会主义文化
繁荣兴盛的现代城市文明

（十一）全面推进城市精神文明建设。进一步弘扬开放多元、兼容并蓄的城市文化和敢闯敢试、敢为人先、埋头苦干的特区精神,大力弘扬粤港澳大湾区人文精神,把社会主义核心价值观融入社会发展各方面,加快建设区域文化中心城市和彰显国家文化软实力的现代文明之城。推进公共文化服务创新发展,率先建成普惠性、高质量、可持续的城市公共文化服务体系。支持深圳规划建设一批重大公共文化设施,鼓励国家级博物馆在深圳设立分馆,研究将深圳列为城市社区运动场地设施建设试点城市。鼓励深圳与香港、澳门联合举办多种形式的文化艺术活动,开展跨界重大文化遗产保护,涵养同宗同源的文化底蕴,不断增强港澳同胞的认同感和凝聚力。

（十二）发展更具竞争力的文化产业和旅游业。支持深圳大力发展数字文化产业和创意文化产业,加强粤港澳数字创意产业合作。支持深圳建设创新创意设计学院，引进世界高端创意设计资源，设立面向全球的创意设计大奖，打造一批国际性的中国文化品牌。用好香港、澳门会展资源和行业优势，组织举办大型文创展览。推动文化和旅游融合发展，丰富中外文化交流内容。有序推动国际邮轮港建设，进一步增加国际班轮航线，探索研究简化邮轮、游艇及旅客出入境手续。

五、率先形成共建共治共享共同富裕的民生发展格局

（十三）提升教育医疗事业发展水平。支持深圳在教育体制改革方面先行先试，高标准办好学前教育，扩大中小学教育规模，高质量普及高中阶段教育。充分落实高等学校办学自主权，加快创建一流大学和一流学科。建立健全适应"双元"育人职业教育的体制机制，打造现代职业教育体系。加快构建国际一流的整合型优质医疗服务体系和以促进健康为导向的创新型医保制度。扩大优质医疗卫生资源供给，鼓励社会力量发展高水平医疗机构，为港资澳资医疗机构发展

提供便利。探索建立与国际接轨的医学人才培养、医院评审认证标准体系,放宽境外医师到内地执业限制,先行先试国际前沿医疗技术。

（十四）完善社会保障体系。实施科学合理、积极有效的人口政策,逐步实现常住人口基本公共服务均等化。健全多层次养老保险制度体系,构建高水平养老和家政服务体系。推动统一的社会保险公共服务平台率先落地,形成以社会保险卡为载体的"一卡通"服务管理模式。推进在深圳工作和生活的港澳居民民生方面享有"市民待遇"。建立和完善房地产市场平稳健康发展长效机制,加快完善保障性住房与人才住房制度。

六、率先打造人与自然和谐
共生的美丽中国典范

（十五）完善生态文明制度。落实生态环境保护"党政同责、一岗双责",实行最严格的生态环境保护制度,加强生态环境监管执法,对违法行为"零容忍"。构建以绿色发展为导向的生态文明评价考核体系,探索实施生态系统服务价值核算制度。完善环境信用评价、信息强制性披露等生态环境保护政策,健全环境公益诉讼制度。深化自然资源管理制度改革,创新高度城市化地区耕地和永久基本农田保护利用模式。

(十六)构建城市绿色发展新格局。坚持生态优先,加强陆海统筹,严守生态红线,保护自然岸线。实施重要生态系统保护和修复重大工程,强化区域生态环境联防共治,推进重点海域污染物排海总量控制试点。提升城市灾害防御能力,加强粤港澳大湾区应急管理合作。加快建立绿色低碳循环发展的经济体系,构建以市场为导向的绿色技术创新体系,大力发展绿色产业,促进绿色消费,发展绿色金融。继续实施能源消耗总量和强度双控行动,率先建成节水型城市。

七、保障措施

(十七)全面加强党的领导和党的建设。落实新时代党的建设总要求,坚持把党的政治建设摆在首位,增强"四个意识",坚定"四个自信",做到"两个维护"。贯彻落实新时代党的组织路线,激励特区干部新时代新担当新作为。坚定不移推动全面从严治党向纵深发展,持之以恒正风肃纪反腐。

(十八)强化法治政策保障。本意见提出的各项改革政策措施,凡涉及调整现行法律的,由有关方面按法定程序向全国人大或其常委会提出相关议案,经授权或者决定后实施;涉及调整现行行政法规的,由有关方面按法定程序经国务院授权或者决定后实施。在中央改革顶层设计和战略部署下,支持深圳实施综合授权改革试点,以清单式批量申请授权方式,在要素市场化配置、营商环境优化、城市空间统筹利用等重点领域深化改革、先行先试。

(十九)完善实施机制。在粤港澳大湾区建设领导小组领导下,中央和国家机关有关部门要加强指导协调,及时研究解决深圳建设中国特色社会主义先行示范区工作推进中遇到的重大问题,重大事项按程序向党中央、国务院请示报告。广东省要积极创造条件、全力做好各项指导支持工作。深圳市要落实主体责任,继续解放思想、真抓实干,改革开放再出发,在新时代走在前列、新征程勇当尖兵。